红色经典诗文诵读

HONG SE JING DIAN SHI WEN SONG DU

（二）

——适用于小学中高年级——

《红色经典诗文诵读》编委会 编

海峡出版发行集团 | 鹭江出版社
THE STRAITS PUBLISHING & DISTRIBUTING GROUP | LUJIANG PUBLISHING HOUSE

2021年·厦门

编委会名单

版权声明

培根铸魂诵经典（代序）

2021年是中国共产党成立一百周年。一百年前，从上海石库门到浙江嘉兴南湖红船上点起的星星之火，以燎原之势席卷中华大地。百年光辉历程，百年丰功伟绩，从“红船”到“巨轮”，中国革命的道路是无数先贤英烈用理想与信仰的光芒照亮，用热情与鲜血铺就的。在艰苦卓绝的革命征途中，无数仁人志士为了人民幸福，为了民族复兴，流血牺牲，以身许党，以身许国，留下一篇篇震撼人心的诗文，鼓舞自己，激励后人。

红色诗文里有浩然正气　从李大钊吟诵“赤旗的世界”，到瞿秋白的“赤潮澎湃”，再到方志敏的“我们相信，中国一定有个可赞美的光明前途”，为了一个光明的中国，革命者胸怀峻烈的正义感，对横逆永不屈服，即使头断血流，也义无反顾。他们呼吁国人“持久的艰苦的奋斗，把个人所有的智慧才能，都提供于民族的拯救”。为了让更多的人能得到真正的自由，走向更广阔的世界，一批批革命家前仆后继，艰苦奋斗。这些红色诗篇里燃烧着无限的激情，也闪耀着明澈的光辉。诵读先烈们用生命和鲜血写就的诗文，胸中的革命豪情也会澎湃不已。

红色诗文里有信仰力量　在风雨如晦的年代，一封封写给亲人、友人的“宣誓书”“请战书”“决心书”“明志书”“托孤书”“行军书”“示儿书”“绝笔书”“就义书”，诠释着革命先烈坚贞的爱情、真挚的友情、浓郁的亲情。25岁的共产党员史砚芬在遗书中写道：“我的死，是为着社会、国家和人类，是光荣的，是必要的。我死后，还有我千万同志，他们能踏着我的血迹，奋斗前进。我们的革命事业，必抵于成。”究竟是什么力量使他们愿意为革命事业抛头颅、洒热血？毫无疑义，是信仰的力量，是他们对共产主义事业的崇高信仰，是他们对国家和民族的正义担当。诵读这样的诗文，内心也会油然生出强烈的责任感和使命感。

红色诗文里有革命精神　“红军不怕远征难，万水千山只等闲”“风雨侵衣骨更硬，野菜充饥志越坚”，革命的征途中，无论是红军战士、游击队员、新四军战士还是志愿军战士、戍守边疆的战士们，面对“敌军围困万千重”或者瞬息万变的敌情、险情，依然保有乐观与激情，不怕艰难困苦，坚持战斗，坚守岗位，谱写出一曲曲动人的革命乐章。诵读这样的诗文能够感受共产党人自强不息和乐观的精神，也会被感染，从而充满信心去奋斗。

红色诗文里有赤子情怀 孔繁森二次进藏时说：“站在祖国的高原——西藏 / 为了祖国的每寸土地繁荣昌盛 / 我愿做雪山上的一盏明灯 / 把祖国的边疆西藏照亮。”18 岁的戍边英雄陈祥榕在战地日记里写下：“清澈的爱，只为中国。”英雄儿女的诗文中饱含着对国家的热爱与希冀。“为什么我的眼里常含泪水？因为我对这土地爱得深沉”，这些充满炽热情感的诗篇，承载着中华儿女的光荣与梦想，读来更是令人热血沸腾。

“一只角就是一片朝霞 / 一面旗就是一部沉甸甸的历史”，经历岁月积淀的诗文不仅是一篇篇让人感怀的经典，也是一幅幅动人的记忆画卷。书中诗文的编选循着中国共产党百年历史足迹，选取那些闪耀着爱国主义、集体主义和理想信念光辉的诗文，期望能够帮助中小学生重温革命传统，坚定理想信念。

作为面向广大青少年的读物，丛书根据不同学段学生的认知能力和欣赏水平分为四册，分别适用于小学低年级、小学中高年级、初中和高中阶段。特别需要说明的是，由于作品授权等方面的问题，有些当代优秀诗人的作品无法入选，敬请读者谅解。同时，根据现代汉语使用规范，以及考虑到学生朗诵时的一些特殊情境，编委会在选编的过程中对个别字、词进行了调整，敬请大家理解。

初心如磐，使命在肩。期待广大青少年通过诵读红色经典诗文，能从中汲取力量，学习革命先辈“牺牲小我，成就大我”的奉献精神，树立报效国家、服务社会的人生目标，涵养深沉的爱国情怀，进而迸发出创新创造的力量！

目录

第三辑　烽火的岁月

第四辑　飘扬的旗帜

第五辑 时代的音符

第一辑

信仰的力量

国际歌（节选）

［法国］欧仁·鲍狄埃／著　萧三／译

起来，饥寒交迫的奴隶！
起来，全世界受苦的人！
满腔的热血已经沸腾，
要为真理而斗争！
旧世界打个落花流水，
奴隶们起来，起来！
不要说我们一无所有，
我们要做天下的主人！

布尔什维主义的胜利

李大钊

人道的警钟响了！
自由的曙光现了！
试看将来的环球，
必是赤旗的世界！

小贴士

李大钊（1889—1927），河北人，中国共产党的主要创始人和早期领导人；1927 年被军阀逮捕后英勇就义。

少年行（节选）

蔡和森

大陆龙蛇起，乾坤一少年。
乡国骚扰尽，风雨送征船。
世乱吾自治，为学志转坚。
从师万里外，访友人文渊。
……
匡复有吾在，与人撑巨艰。
忠诚印寸心，浩然充两间。
虽无鲁阳戈，庶几挽狂澜。
凭舟衡国变，意志鼓黎元。
潭洲蔚人望，洞庭证源泉。

小贴士

蔡和森（1895—1931），湖南人；1921 年加入中国共产党，是中国共产党早期领导人；1931 年在香港被捕，于广州英勇就义。

赤潮曲

瞿秋白

赤潮澎湃，
晓霞飞涌，
惊醒了
五千余年的沉梦。

远东古国
四万万同胞，
同声歌颂
神圣的劳动。

猛攻，猛攻，
捶碎这帝国主义万恶丛！
奋勇，奋勇，
解放我殖民世界之劳工，
无论黑、白、黄，无复奴隶种！

从今后，福音遍天下，
文明只待共产大同。
看！
光华万丈涌。

小贴士

瞿秋白（1899—1935），江苏人；1922年加入中国共产党，是中国共产党早期领导人；1935年在福建长汀被捕后英勇就义。这首诗被誉为中国的《国际歌》。

过洞庭（二首）

邓中夏

其一

莽莽洞庭湖，五日两飞渡。
雪浪拍长空，阴森疑鬼怒。
问今为何世？豺虎满道路。
禽狝（xiǎn）歼除之，我行适我素。

其二

莽莽洞庭湖，五日两飞渡。
秋水含落晖，彩霞如赤炷（zhù）。
问将为何世？共产均贫富。
惨淡经营之，我行适我素。

小贴士

邓中夏（1894—1933），湖南人；1920 年参加北京的中国共产党早期组织，是一位卓越的领导人和杰出的工人运动领袖；1933 年被国民党逮捕，就义于南京。

赠夏明翰同志

何叔衡

神州遍地起风雷，
投身革命有作为。
家法纵严难锁志，
天高海阔任鸟飞。

小贴士

何叔衡（1876—1935），湖南人，中共一大代表；1935 年在福建长汀遭敌袭击，不幸壮烈牺牲。

夏明翰（1900—1928），湖南人；1921 年加入中国共产党；1928 年在武汉汉口被国民党逮捕后英勇就义。

1920 年，夏明翰与封建家庭决裂，积极参加学生爱国运动。他的这一革命行动受到何叔衡的赞许与支持，并作此诗以资鼓励。

敌人只能……

方志敏

敌人只能砍下我们的头颅，
决不能动摇我们的信仰！
因为我们信仰的主义，
乃是宇宙的真理！

为着共产主义牺牲，
为着苏维埃流血，
那是我们十分情愿的啊！

小贴士

方志敏（1899—1935），江西人；1924年加入中国共产党；1935年在与国民党军队作战中被捕，就义于南昌；遗著有《可爱的中国》等。

自勉

罗学瓒

不患不能柔，
惟患不能刚；
惟刚斯不惧，
惟刚斯有为。
将肩挑日月，
天地等尘埃。
何言乎富贵，
赤胆为将来。

小贴士

罗学瓒（1893—1930），湖南人；1921 年加入中国共产党；1929 年因叛徒出卖被捕，1930 年被秘密杀害。

无 题

周恩来

大江歌罢掉头东，
邃（suì）密群科济世穷。
面壁十年图破壁，
难酬蹈海亦英雄。

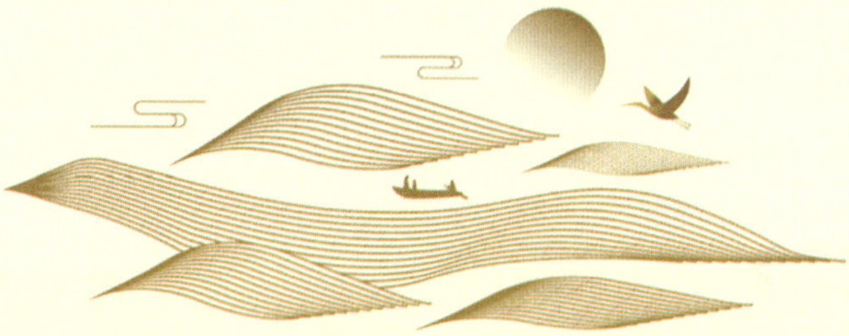

宣誓（节选）

古承铄

在战斗的年代，
我宣誓——
不怕风暴，
不怕骤雨的袭击！
……

我宣誓——
爱那些劳苦的、
流浪的、无家可归的、
衣单被薄的人民；
恨那些贪馋的、
骄横的、压榨人民的、
杀戮（lù）真理的强盗。

我宣誓——
我是真理的信徒，
我是正义的战士，
我要永远永远
为人类的自由幸福而战！

小贴士

古承铄（1920—1949），四川人，中共党员；1948年5月被捕，囚于重庆渣滓洞集中营；1949年重庆解放前夕牺牲。

把牢底坐穿

何敬平

为了免除下一代的苦难，
我们愿——
　　愿把这牢底坐穿！
我们是天生的叛逆者，
我们要把这颠倒的乾坤扭转！
我们要把这不合理的一切打翻！
今天，我们坐牢了，
坐牢又有什么稀罕？
为了免除下一代的苦难，
我们愿——
　　愿把这牢底坐穿！

小贴士

何敬平（1918—1949），四川人，中共党员；1948 年 4 月被捕，1949 年重庆解放前夕牺牲。这首诗是作者被捕后不久所作，深为狱中难友喜爱，有力地鼓舞了大家的斗志。

第二辑

苦难的中国

哀中国（节选）

蒋光慈

我的悲哀的中国！
我的悲哀的中国！
你怀拥着无限美丽的天然，
你的形象如何浩大而磅礴！
你身上排列着许多蜿蜒的江河，
你身上耸峙着许多郁秀的山岳。
但是现在啊，
江河只流着很呜咽的悲音，
山岳的颜色更惨淡而寥落！
……

易水萧萧啊，壮士吞仇敌；
燕山巍巍啊，吓退匈奴夷；
回思往古不少轰烈事，
中华民族原有反抗力。
却不料而今全国无声息，
大家熙熙然甘愿为奴隶！
哎哟！我是中国人，

我为中国命运放悲歌，
我为中华民族三叹息。

寒风凛冽啊，吹我衣；
黄花低头啊，暗无语；
我今枉为一诗人，
不能保国当愧死！
拜伦曾为希腊羞，
我今更为中国泣。
哎哟！我的悲哀的中国啊！
我不相信你永远沉沦于浩劫，
我不相信你永无重兴之一日。

战

柔　石

尘沙驱散了天上的风云，
尘沙埋没了人间的花草；
太阳呀，呜咽在灰暗的山头，
孩子呀，向着古洞深林中奔跑！

陌巷与街衢（qú），
遍是高冠大面者的蹄迹，
肃杀严苛的兵威，
利于三冬刺骨的飞雪！

真的男儿呀，醒来罢，
炸弹！手枪！
匕首！毒箭！
古今武器，罗列在面前，
天上的恶魔与神兵，
也齐来助人类战，
战！

火花如流电，
血泛如洪泉，
骨堆成了山，
肉腐成肥田。
未来子孙们的福荫之宅，
就筑在明月所清照的湖边。

啊！战！
剜（wān）心也不变！
砍首也不变！
只愿锦绣的山河，
还我锦绣的面！
啊！战！
努力冲锋，
战！

小贴士

柔石（1902—1931），浙江人；1930 年加入中国共产党；1931 年 1 月在上海被捕，同年 2 月遇害。

西山的葬礼

陈　毅

你是一个泪尽了的鲛人！
你是一只血干了的夜莺！
你是光明的战士！
你是民族的母亲！

如今你归来，归到了山林。
有流泉幽咽，有翠柏森森。
有石塔峥嵘，有风雨凄清。
还有白云依恋，伴明月长照丹心！

试看国门，已被外寇拥进！
试看国土，已被外寇吞并！
你如今归休了，能安否，你的亡灵？
谁是你的后身，能禀着你的精神？
谁是你的后身，能守着你的遗命？
又谁能如你一样，完毕了革命的工程？

亡灵啊，你亡了，你不能由死回生。
我只愿青年头上，寄托着你的精魂！
你长休罢，我们起行！
你长休罢，我们猛进！

口供

闻一多

我不骗你，我不是什么诗人，
纵然我爱的是白石的坚贞，
青松和大海，鸦背驮着夕阳，
黄昏里织满了蝙蝠的翅膀。
你知道我爱英雄，还爱高山，
我爱一幅国旗在风中招展，
自从鹅黄到古铜色的菊花。
记着我的粮食是一壶苦茶！

可是还有一个我，你怕不怕？——
苍蝇似的思想，垃圾桶里爬。

毕业歌

田 汉

同学们，大家起来，
担负起天下的兴亡！

听吧，满耳是大众的嗟伤！
看吧，一年年国土的沦丧！

我们是要选择“战”还是“降”？
我们要做主人去拼死在疆场，
我们不愿做奴隶而青云直上！

我们今天是桃李芬芳，
明天是社会的栋梁；
我们今天是弦歌在一堂，
明天要掀起民族自救的巨浪！

巨浪，巨浪，不断地增涨！
同学们！同学们！
快拿出力量，
担负起天下的兴亡！

长城谣

潘子农

万里长城万里长，
长城外面是故乡。
高粱肥，大豆香，
遍地黄金少灾殃。
自从大难平地起，
奸淫掳掠苦难当。
苦难当，奔他方，
骨肉离散父母丧。

没齿难忘仇和恨，
日夜只想回故乡。
大家拼命打回去，
哪怕敌人逞豪强。
万里长城万里长，
长城外面是故乡。
四万万同胞心一样，
新的长城万里长。

试笔诗

欧阳梅生

中国一团黑，
悲嚎不忍闻。
愿为刀下鬼，
换取真太平。

就义诗

吉鸿昌

恨不抗日死，
留作今日羞。
国破尚如此，
我何惜此头。

小贴士

吉鸿昌（1895—1934），河南人；1932年加入中国共产党；1934年在天津被捕，英勇就义。这首诗是作者就义时在刑场所作。

狱中题壁

戴望舒

如果我死在这里，
朋友啊，不要悲伤，
我会永远地生存
在你们的心上。

你们之中的一个死了，
在日本占领地的牢里，
他怀着的深深仇恨，
你们应该永远地记忆。

当你们回来，
从泥土掘起他伤损的肢体，
用你们胜利的欢呼
把他的灵魂高高扬起。

然后把他的白骨放在山峰，
曝着太阳，沐着飘风：
在那暗黑潮湿的土牢，
这曾是他唯一的美梦。

自由，向我们来了

田　间

悲哀的
种族，
我们必须战争啊！
九月的窗外，
亚细亚的
田野上，
自由啊——
从血的那边，
从兄弟尸骸的那边，
向我们来了，
像暴风雨，
像海燕。

第三辑

烽火的岁月

采桑子·重阳

毛泽东

人生易老天难老，岁岁重阳。
今又重阳，战地黄花分外香。

一年一度秋风劲，不似春光。
胜似春光，寥廓江天万里霜。

忆秦娥·娄山关

毛泽东

西风烈，长空雁叫霜晨月。
霜晨月，马蹄声碎，喇叭声咽。

雄关漫道真如铁，而今迈步从头越。
从头越，苍山如海，残阳如血。

七律·到韶山

毛泽东

别梦依稀咒逝川，
故园三十二年前。
红旗卷起农奴戟，
黑手高悬霸主鞭。
为有牺牲多壮志，
敢教日月换新天。
喜看稻菽千重浪，
遍地英雄下夕烟。

试作囚

陈　赓

沙场驰驱南北游，
横枪跃马几春秋。
为扫人间忧患事，
小住南牢试作囚。

征　途

关向应

月色在征途中暗淡，
马蹄下迸裂着火星。
越河溪水，
被踏碎的月影闪着银光，
电火送着马蹄，
消失在熹微的灯光中。

延安留别

谢觉哉

重到延安景倍鲜，
旧时栽树已参天。
诸君莫问人何似，
后约还须订十年。

血洒祁连

王定烈

戎装征尘染血痕，
远上祁连几断魂。
此身剩得三寸气，
横戈立马闯玉门。

狼牙山五壮士

邓　拓

北岳狼牙耸，
边疆血火红。
捐躯全大节，
断后竞奇功。
畴昔农家子，
今朝八路雄。
五人三烈士，
战史壮高风！

新四军军歌

陈毅等

光荣北伐，武昌城下，
血染着我们的姓名；
孤军奋斗罗霄山上，
继承了先烈的殊勋。
千百次抗争，
风雪饥寒；
千万里转战，
穷山野营。
获得丰富的斗争经验，
锻炼艰苦的牺牲精神，
为了社会幸福，
为了民族生存，
一贯坚持我们的斗争！
八省健儿汇成一道抗日的铁流，
东进，东进！
我们是铁的新四军！

扬子江头，淮河之滨，
任我们纵横地驰骋；

深入敌后百战百胜，
汹涌着杀敌的呼声。
要英勇冲锋，
歼灭敌寇；
要大声呐喊，
唤起人民。
发扬革命的优良传统，
创造现代的革命新军，
为了社会幸福，
为了民族生存，
巩固团结坚决的斗争！
抗战建国高举独立自由的旗帜，
东进，东进！
我们是铁的新四军！

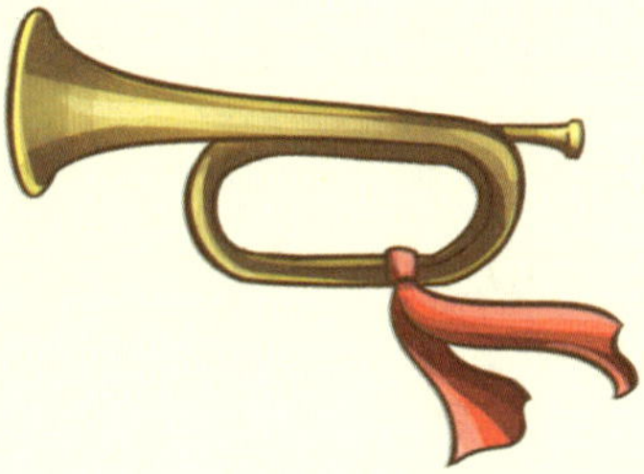

中国人民解放军军歌

公木

向前！向前！向前！
我们的队伍向太阳！
脚踏着祖国的大地，
背负着民族的希望，
我们是一支不可战胜的力量。
我们是工农的子弟，
我们是人民的武装，
从无畏惧，
绝不屈服，
英勇战斗，
直到把反动派消灭干净，
毛泽东的旗帜高高飘扬。
听，风在呼啸军号响！
听，革命歌声多嘹亮！
同志们整齐步伐奔向解放的战场，
同志们整齐步伐奔赴祖国的边疆，
向前！向前！
我们的队伍向太阳，
向最后的胜利，
向全国的解放！

我的“自白”书

陈　然

任脚下响着沉重的铁镣，
任你把皮鞭举得高高，
我不需要什么“自白”，
哪怕胸口对着带血的刺刀！

人，不能低下高贵的头，
只有怕死鬼才乞求“自由”；
毒刑拷打算得了什么？
死亡也无法叫我开口！

对着死亡我放声大笑，
魔鬼的宫殿在笑声中动摇；
这就是我——一个共产党员的“自白”，
高唱凯歌埋葬蒋家王朝！

小贴士

陈然（1923—1949），河北人；1939年3月加入中国共产党；1948年4月被捕，1949年10月28日被国民党特务杀害。他以自己的生命履行了对党的庄严誓言：“只要还有一口气，就要为革命斗争到底！”

第四辑

飘扬的旗帜

我们最伟大的节日（节选）

何其芳

一

中华人民共和国
在隆隆的雷声里诞生。
是如此巨大的国家的诞生，
是经过了如此长期的苦痛
而又如此欢乐的诞生，
就不能不像暴风雨一样打击着敌人，
像雷一样发出震动世界的声音……

二

多少年代，多少中国人民
在长长的黑暗的夜晚一样的苦难里
梦想着你，
在涂满了血的荆棘的路上
寻找着你，
在监狱中或者在战场上
为你献出他们的生命的时候
呼喊着你，
多少年代，多少内外的敌人

用最恶毒的女巫的话语
诅咒着你，
用最顽强的岩石一样的力量
压制着你，
在你开始成形的时候
又用各种各样的阴谋诡计
来企图虐杀你。
你新的中国，人民的中国啊，
你终于在旧中国的母体内
生长，壮大，成熟，
你这个东方的巨人终于诞生了。

“中国人从此站立起来了”

郑振铎

“中国人从此站立起来了。”
中国人像一个钢的巨人似的，
挣断了一百多年来的帝国主义的枷锁，
伸出铁拳，将侵略者们击倒。
一百多年来，我们被打倒了，又站立起来，
站立起来，又被打倒。
但从今以后，我们不再倒下去了。
我们已经是恢复了力量的参孙。
我们不再在内海和长江里，
见到悬挂帝国主义者们的旗帜的艨（méng）艟（chōng）
　巨舰横冲直撞；
我们不再在中国天空，
见到标记着帝国主义者们的旗帜的飞机，
　在纵横无忌地飞降；
我们不再在一尺一寸的国土上，
见到帝国主义者们的军人们的狰狞的踪影，
　在徘徊、守望。
是独立、解放、民主的新中国，
是统一、和平、富强的新中国。
中国人像一个钢的巨人似的，

雄健地站立着，
面向着红光亮亮的太阳。
“中国人从此站立起来了。”

“中国人从此站立起来了。”
中国人像一个钢的巨人似的，
摆脱了世世代代的封建束缚，
把那些魑魅魍魉们加给我们的种种封建的魔术一举廓清。
世世代代我们被那些魔术，镇压住了，翻不了身，
但从今以后，我们是大翻身了。
我们已经是恢复了力量的参孙。
那些魔术，曾使我们聋，使我们哑，使我们愚，
　使我们世世代代做奴隶，
那些魔术曾使我们孱弱，使我们服从，
　使我们年年月月地做着封建地主们的劳役者。
但土地改革像一柄利刃似的，击中了封建恶魔的中心，
被压迫的农、工和妇女们都彻底地翻了身。
是自己土地的主人，
洗清了世世代代的罪恶的垢尘。
是独立、解放、民主的新中国，
是统一、和平、富强的新中国。
中国人像一个钢的巨人似的，
雄健地站立着，
面向着红光亮亮的太阳。
“中国人从此站立起来了。”

魑魅魍魉（chī mèi wǎng liǎng）：指各种各样的坏人。

“中国人从此站立起来了。”
中国人像一个钢的巨人似的，
扫除了四大家族的剥削的毒网，
把那些在光天化日之下横行着的强盗们彻底肃清。
二十多年来，我们被那些强盗们敲骨吸髓似的
　吸干了
　　我们的血汗的结晶，
我们的血汗养肥了他们。
但从今天以后，我们不再受敲诈了。
我们已经是恢复了力量的参孙。
那些强盗们挟持着偷来的政权，做着亦偷、亦骗、
　亦抢、亦劫的勾当；
那些强盗们鬼鬼祟（suì）祟地和帝国主义者们勾结着，
出卖了人民，出卖了祖国，只为了要养肥他们自己。
那些强盗们时官时商，亦官亦商，为了那
　四大家族的利益，阻挠着中国的进步与发展。
但人民怒吼着站起来，
彻底地干净地
　把他们扫出了中国的土地。
是独立、解放、民主的新中国。
是统一、和平、富强的新中国。
中国人像一个钢的巨人似的，
雄健地站立着，
面向着红光亮亮的太阳。
“中国人从此站立起来了！”

最初的新中国的旗

彭燕郊

最初的新中国的旗
出现在我们面前了

我像孩子一样
找来纸，找来颜料
描了又描，画了又画
画在墙上
画在每一册笔记本上
吻了又吻
行了好多好多的敬礼

多少年
就盼望着
就用全部生命追求
一个新国家
盼望着
有一面美丽的国旗

我们的国旗是红色的
先烈们鲜血的红色
旗上的五角金星
闪烁着民族精英高贵人格的光辉

我们的国旗
果然这样沉着地鲜红啊
国旗上的星星
果然每一颗都这样晶亮啊

我们有一个新中国了
我们有一个自己的政府了
我们有一面美丽的国旗了

在我们的新国家成立的那一天
在拥挤着欢庆的人民的广场
最初的新中国的旗
要在我们面前升起来了

那时候
不论你，不论我
我们每一个人
都要为欢喜而笑
而在笑的时候
免不了的，会流下幸福的眼泪

苦尽甘来
我们流出的是幸福的泪
苦尽甘来
幸福的泪深沉又深沉

尽情地哭吧，尽情地笑吧
哭着送别那已经过去的苦难日子
笑着迎接那已经到来的幸福日子

在我们自己的国旗下
把苦难日子里被压抑的热情奔放出吧
把苦难日子里不能尽情做的工作
做得更好吧
再没有谁敢来阻挠我们了
国家是我们自己的
代表我们美丽的国家的美丽的国旗
是我们自己的
我们是主人
我们不是奴隶了

最初的新中国的旗
永远竖立在我们心上了

升起来啊，母亲的旗

田　地

当五星红旗
冉冉地上升，
猎猎地飘拂在
又一个明丽的清晨。
——同时升起来
那旗帜般、
那红领巾般、
那炽热的篝火般、
那灵敏的温度计水银柱般的
我热血的沸腾，
对母亲的
无限感激和忠诚。
升起来啊，
母亲的旗！
把我们的血肉
筑成我们新的长城！
升起来啊，
母亲的旗！
用我们的智慧、

勤奋和坚韧，
筑成我们中华民族的
新的尊严，
新的鼎盛，
新的安定，
新的文明……
升起来啊，
往上再往上升！
五星红旗
冉冉地上升，
猎猎地飘拂在
又一个明丽的清晨。
——同时升起来
我的信念，我的誓言。
——同时升起来
我红宝石般的决心！

国 旗

严 辰

十月的清新的风，
吹过自由中国的广场，
耀眼的五星红旗，
在蓝色的晴空里飘扬。

旗啊，你庄严又美丽，
就像刚开放的花朵一样；
你是英雄们的鲜血涂染，
从斗争的烈火里锻炼成长。

我们，四万万七千五百万人，
曾经日夜不停地织你，
我们织你用生命和爱情，
用自由幸福的崇高的理想。

当你在祖国的晴空升起，
我们所有的眼睛都注视着你，
所有的喉咙呼喊你，歌颂你，
所有的手都卫护你，向你敬礼！

当你在祖国的晴空升起，
一切事物迅速地起着变化，
陈腐的要新生，暗淡的要有色彩，
衰老的变年轻，丑陋的变漂亮。

愁苦的得到了欢乐，
污浊洗净，黑暗的发出光芒，
沉默的无声的国土，
到处爆裂出雷动的笑声和歌唱。

国旗啊，你是战斗的意志，
表现了我们无穷无尽的力量，
你被人民百年来所追求，
又指引人民去到新社会的方向。

太阳会落下，
河水会干涸，
你——中国人民胜利的旗帜，
却永远年轻，永远高高地飘扬在世界上！

人民英雄永垂不朽

毛泽东

三年以来，在人民解放战争和人民革命中牺牲的人民英雄们永垂不朽！

三十年以来，在人民解放战争和人民革命中牺牲的人民英雄们永垂不朽！

由此上溯到一千八百四十年，从那时起，为了反对内外敌人，争取民族独立和人民自由幸福，在历次斗争中牺牲的人民英雄们永垂不朽！

小贴士

这是毛泽东同志为人民英雄纪念碑撰写的碑文。人民英雄纪念碑位于北京天安门广场中心，是我们中华民族的丰碑，它记录着我们中华民族的荣与辱。

沁园春·雪

毛泽东

北国风光，千里冰封，万里雪飘。
望长城内外，惟余莽莽；
大河上下，顿失滔滔。
山舞银蛇，原驰蜡象，欲与天公试比高。
须晴日，看红装素裹，分外妖娆。

江山如此多娇，引无数英雄竞折腰。
惜秦皇汉武，略输文采；
唐宗宋祖，稍逊风骚。
一代天骄，成吉思汗，只识弯弓射大雕。
俱往矣，数风流人物，还看今朝。

卜算子·咏梅

毛泽东

风雨送春归，
飞雪迎春到。
已是悬崖百丈冰，
犹有花枝俏。

俏也不争春，
只把春来报。
待到山花烂漫时，
她在丛中笑。

红旗颂

张志民

心相随，梦相依，
红旗啊红旗难忘你！
难忘你黑夜中唤醒沉睡的大地，
英雄儿女前仆后继，
浩浩荡荡征程千万里，
彩霞满天歌声起。

梦相依，情相系，
红旗啊红旗热爱你！
热爱你风雨里挺起坚强身躯，
社会主义顶天立地，
飘飘扬扬脚步不停息，
春潮汹涌花香四季。

情相系，心相许，
红旗啊红旗赞美你！
赞美你阳光下充满无限生机，
改革开放世界惊奇，
蓬蓬勃勃辉耀新世纪，
锦绣江山更美丽。

桂林山水歌

贺敬之

云中的神啊，雾中的仙，
神姿仙态桂林的山！

情一样深啊，梦一样美，
如情似梦漓江的水！

水几重啊，山几重？
水绕山环桂林城……

是山城啊，是水城？
都在青山绿水中……

啊！此山此水入胸怀，
此时此身何处来？

……黄河的浪涛塞外的风。
此来关山千万重。

马鞍上梦见沙盘上画：
“桂林山水甲天下”……

啊！是梦境啊，是仙境？

此时身在独秀峰！

心是醉啊，还是醒？
水迎山接入画屏！

画中画——漓江照我身千影，
歌中歌——山山应我响回声……

招手相问老人山，
云罩江山几万年？

——伏波山下还珠洞，
室珠久等叩门声……

鸡笼山一唱屏风开，
绿水白帆红旗来！

大地的愁容春雨洗，
请看穿山明镜里——

啊！桂林的山来漓江的水——
祖国的笑容这样美！

桂林山水入胸襟，
此景此情战士的心——

江山多娇人多情，
使我白发永不生！

对此江山人自豪，
使我青春永不老！

七星岩去赴神仙会，
招呼刘三姐啊打从天上回……

人间天上大路开，
要唱新歌随我来！

三姐的山歌十万八千箩，
战士啊，指点江山唱祖国……

红旗万梭织锦绣，
海北天南一望收！

塞外的风沙啊黄河的浪，
春光万里到故乡。

红旗下：少年英雄遍地生——
望不尽：千姿万态“独秀峰”！

——意满怀啊，情满胸，
恰似漓江春水浓！

啊！汗雨挥洒彩笔画：
桂林山水——满天下！……

黄山松

张万舒

好！黄山松，我大声为你叫好，
谁有你挺得硬，扎得稳，站得高；
九万里雷霆，八千里风暴，
劈不歪，砍不动，轰不倒！

要站就站上云头，
七十二峰你峰峰皆到；
要飞就飞上九霄，
把美妙的天堂看个饱！

不怕山谷里阴风的夹袭，
你双臂一抖，抗得准，击得巧！
更不畏高山雪冷寒彻骨，
你折断了霜剑，扭弯了冰刀！

谁有你的根底艰难贫苦啊，
你从那紫色的岩上挺起了腰；
即使是裸露着的根须，
也把山岩紧紧地拥抱！

你的雄姿像千古高峰不动摇，
每一根针叶都闪烁着骄傲；
那背阳的阴处，你横眉怒扫，
向着阳光，你迸出劲枝万千条！

啊，黄山松，我热烈地赞美你，
我要学你艰苦奋战，不屈不挠；
看！在这碧紫透红的群峰之上，
你像昂扬的战旗在呼啦啦地飘。

我为祖国献石油

薛柱国

锦绣河山美如画，
祖国建设跨骏马。
我当个石油工人多荣耀，
头戴铝盔走天涯。
头顶天山鹅毛雪，
面对戈壁大风沙。
嘉陵江边迎朝阳，
昆仑山下送晚霞。
天不怕，地不怕，
风雪雷电任随它。
我为祖国献石油，
哪里有石油，哪里就是我的家！

红旗飘飘映彩霞，
英雄扬鞭催战马。
我当个石油工人多荣耀，
头戴铝盔走天涯。
茫茫草原立井架，
云雾深处把井打。

地下原油见青天，
祖国盛开石油花。
天不怕，地不怕，
改造世界雄心大。
我为祖国献石油，
石油滚滚流，我的心乐开了花！

第五辑

时代的音符

光的赞歌（节选）

艾 青

九

我们的祖先是光荣的
他们为我们开辟了道路
沿途
下了深深的足迹
每个足迹里都有血迹

现在我们正开始新的长征
这个长征不只是二万五千里的路程
我们要逾越的也不只是十万大山
我们要攀登的也不只是千里岷山
我们要夺取的也不只是金沙江、大渡河
我们要抢渡的是更多更险的流口
我们在攀登中将要遇到更大的风雪、更多的冰川……

但是光在召唤我们前进
光在鼓舞我们、激励我们
光给我们送来了新时代的黎明
我们的人民从四面八方高歌猛进

让信心和勇敢伴随着我们

武装我们的是最美好的理想
我们是和最先进的阶级在一起
我们的心胸燃烧着希望
我们前进的道路铺满阳光

让我们的每个日子
都像飞轮似的旋转起来
让我们的生命发出最大的能量
让我们像从地核里释放出来似的
极大地撑开光的翅膀
在无限广阔的宇宙中飞翔

让我们以最高的速度飞翔吧
让我们以大无畏的精神飞翔吧
让我们从今天出发飞向明天
让我们把每个日子都当作新的起点

或许有一天，总有一天
我们这个古老的民族
我们最勇敢的阶级
将接受光的邀请
却叩开那些紧闭的大门
访问我们所有的芳邻

让我们从地球出发
飞向太阳……

三峡标灯

雁　翼

你食的是浪啊，
喝的是风，
却喷吐出奇异的光柱，
照透了夜幕千层，
提醒着船队，在哪片水域，
隐藏着暗礁的鬼影。

白天，当光亮铺在了
四百里三峡的浪峰，
船队的眼睛，
能把每一条水纹看清，
你收起了自己的光，走了，
像天上的一颗小星。

当夜幕横封三峡，
你来了，把你的热情，
你的思绪，你的整个生命，
集中，集中，集中！
集中在闪闪的红灯里，

紧紧注视着水下的动静。

这是何等伟大的职责啊，
当一名祖国航线上的哨兵，
食着浪，
喝着风，
闪光在漫漫长夜里，
时时把船队护送……

风 暴

力 扬

从亚细亚的高原
我们先民
所游牧的草野，
风暴起来了。

它呼啸在森林，
呼啸在山谷，
呼啸在万里的长流
与荒冷的大漠。

奴隶们，在风暴里
勇敢地扭断锁链，
驰向亚细亚的海岸，
迎击着夜袭的匪盗。

而且，将举起
浴血的巨臂，
仰向东方的黎明，
呼唤着新生的太阳。

起航

雷霆

锚链的歌声有力铿（kēng）锵（qiāng），
汽笛的歌声传向远方。
水手的心啊难以平静，
我们的船，就要起锚远航。

海水是那么清澄，
天空是那么晴朗，
那些阴暗的日子，
已经被我们深深埋葬。

记得吗？我们的船长，
那时你像海鸥被折断翅膀。
记得吗？年轻的轮机手，
那时你的心沉闷得像底层的船舱。

今天，甲板刷洗得干干净净，
我们的歌声令人神往：
锚链像解开镣铐的声音，
汽笛像进军号一般响亮。
水手的心怎么能够平静，
祖国，已把起航的汽笛拉响。

啊，中国

林　子

在一千种、一万种声音里，
我听见你紧迫的呼号；
从农村到城市，
我的血为你熊熊燃烧！

在一千条、一万条江河里，
我看见你奔腾的浪潮；
从北京到边疆，
我的心溶入你滚滚的波涛！

昨天的历史上，
记载着你的悲哀；
今日的大地上，
回响着对你的喝彩。

一扇扇沉沉的铁门，
碰破过多少志士的头颅；
一潭潭深深的死水，
曾冷却多少英雄的肺腑。

忍耐，并非值得称道的美德；
温饱，绝不是人类最高的愿望。
听哪！铁门已经轧轧启动，
看哪！死水已经翻波涌浪。

开采五千年文明的矿藏，
铸造你坚实的翅膀；
分解二百年失败的真实，
凝聚你胜利的力量。

啊，中国终于起飞——
在鲜血和眼泪浇成的
在骄傲和耻辱筑成的
古老而年轻的跑道上！

我在一颗石榴里看见了我的祖国

杨 克

我在一颗石榴里看见我的祖国
硕大而饱满的天地之果
它怀抱着亲密无间的子民
裸露的肌肤护着水晶的心
亿万儿女手牵着手
在枝头上酸酸甜甜微笑
多汁的秋天啊是临盆的孕妇
我想记住十月的每一扇窗户

我抚摸石榴内部微黄色的果膜
就是在抚摸我新鲜的祖国
我看见相邻的一个个省份
向阳的东部靠着背阴的西部
我看见头戴花冠的高原女儿
每一个的脸蛋儿都红扑扑
穿石榴裙的姐妹啊亭亭玉立
石榴花的嘴唇凝红欲滴

我还看见石榴的一道裂口
那些餐风露宿的兄弟
我至亲至爱的好兄弟啊
他们土黄色的坚硬背脊
忍受着龟裂土地的艰辛
每一根青筋都代表他们的苦
我发现他们的手掌非常耐看
我发现手掌的沟壑是无声的叫喊

痛楚喊醒了大片的叶子
它们沿着春风的诱惑疯长
主干以及许多枝干接受了感召
枝干又分蘖（niè）纵横交错的枝条
枝条上神采飞扬的花团锦簇
那雨水泼不灭它们的火焰
一朵一朵呀既重又轻
花蕾的风铃摇醒了黎明

太阳这头金毛雄狮还没有老
它已跳上树枝开始了舞蹈
我伫立在辉煌的梦想里
凝视每一棵朝向天空的石榴树
如同一个公民谦卑地弯腰
掏出一颗拳拳的心
丰韵的身子挂着满树的微笑

报春鸟衔来了火焰花

梁　南

我礼赞坚持划时代改革的人们，
他们是欢乐的报春鸟，衔着火焰花。

满园子消息树，开得像雄鸡报晓，
流火的花瓣，扑来沉重沉重的香！
啊！苦味的国土，已开始分泌希望。
健美的株株体态，浓郁的热恋之花，
映红祖国母亲沉思时依傍的明窗。

我注视到她的红花瓣，
像炫亮在墨夜的无数篝火，
烤化了子夜吊在火舌上的寒霜；
而压着根株的无边的残雪，也颓然地
淌着泪水，流进饥渴的土壤。

她决不会满足于只擎着闪光的花瓣的。
当无数甜味的花相继开放，
你会在破寒的欢响后，
在花瓣浸香的空域里，发现

挤得火热的珠宝果实顶出树冠之上。

母亲祖国站在窗口，又伸出温柔的手：
她手上的报春鸟衔来了火焰花，
它们衔花飞进窗口的时候，
在大地上，在每一颗心上，
抖落了一串欢乐的歌唱……

啊，这儿正是春天

辛 笛

季节到底不同了。
春天从门窗里进来，冬天从烟囱里出去。
寒夜漫漫的尽头，
炉边听腻了的烂柯山故事，
终于和笨重的棉袄一起晒到了太阳。
发酵的空气流正大量冲击着麻木的神经和细胞，
重新漾起了对青春、对光明的向往。
为残雪消融而得到润湿的泥土，
到处散发着香气，散发着光。
光秃秃的栖杈一洗严酷的繁霜，
开始爆绿、爆黄。
孩子们永远是孩子样，吵吵嚷嚷，
树前树后在捉迷藏。
蚯蚓在蠕动中醒来，
是否也会低声歌唱？
春水碧波，
一切都谱上色彩、光影和生命的新妆。
梁上燕子衔着泥来了，
一年一度来访，

从头经营着旧巢，辛苦回翔。
尽管轻盈的翼尾像一双利剪，
带给我们这江边小屋的
却是剪不破的春风，剪不断的春光！
眼前就将照得透明起来的
是门外株株槐柳，树树桃秧。
红的红，绿的绿，青的青，
预示着春天好一片灿烂芬芳，
　　　夏天好一片浓荫清凉。

祖国之秋

曹宇翔

今日你徒步走进秋天的广场
深秋了，天已转凉，菊花开放
风把四个湛蓝的湖泊运向空中
空中，缓缓驶过云霞船队
空中，雁翅划动季节的双桨

用歌声迎接大地起伏的歌声
在澄明的秋天你看见所有人民
城市，乡村，太平洋的波浪
甚至看到你远逝的童年，祖母
干草垛，一个孩子摇响铃铛

这原野、河流，这落叶、果实
每天，广场升起一面旗帜
每天，土地长出一轮光芒
一切都是值得的，内心幸福
你笑了，想起曾有的一个梦想

谁能不爱自己的祖国呢
“祖国”，当你轻轻说出这个词
等于说出你的命运、亲人、家乡
而当你用目光说到“秋天”
那就是岁月，人生啊，远方

红梅赞

阎　肃

红岩上红梅开，
千里冰霜脚下踩，
三九严寒何所惧，
一片丹心向阳开，向阳开。
红梅花儿开，
朵朵放光彩，
昂首怒放花万朵，
香飘云天外，
唤醒百花齐开放，
高歌欢庆新春来，新春来。

在希望的田野上

陈晓光

我们的家乡
在希望的田野上，
炊烟在新建的住房上飘荡，
小河在美丽的村庄旁流淌。
一片冬麦，一片高粱，
十里荷塘，十里果香。
我们世世代代在这田野上生活，
为她富裕，为她兴旺。

我们的理想
在希望的田野上，
禾苗在农民的汗水里抽穗，
牛羊在牧人的笛声中成长。
西村纺花，东岗撒网，
北疆播种，南国打场。
我们世世代代在这田野上劳动，
为她打扮，为她梳妆。

我们的未来
在希望的田野上，
人们在明媚的阳光下生活，
生活在人们的劳动中变样。
老人们举杯，孩子们欢笑，
小伙儿弹琴，姑娘歌唱。
我们世世代代在这田野上奋斗，
为她幸福，为她增光。

勇敢的中国人

黄　霑

令我锦绣故乡色变
令我娇美翠湖含恨
望向中国国土
此际浩气在腾
誓要将我苦难化为悲愤

做个勇敢中国人
热血决抛
抵抗敌人
我万众一心
哪惧怕艰辛
冲开黑暗
做个勇敢中国人
热血灌醒中国魂
我万众一心
哪惧怕艰辛
冲开黑暗

公元 1997（节选）

靳树增

一百年前我眼睁睁地看你离去，
一百年后我期待着你回到我这里。
沧海变桑田，
抹不去我对你的思念。
一次次呼唤你，
我的 1997 年。
……

1997 年，
我悄悄地走进你。
让这永恒的时间和我们共度，
让空气和阳光充满着真爱。

1997 年，
我深情地呼唤你。
让全世界都在为你跳跃，
让这昂贵的名字永驻心里。
……

曾经有过的长长黑夜，
曾经有过的痛苦离别。
多少个梦中拥抱过你，
你和我的心永远不分离。
……

小贴士

1997年7月1日零点，中华人民共和国国旗和香港特别行政区区旗在香港升起，经历了百年沧桑的香港回到祖国怀抱。这首词为迎接香港回归而创作。

今天是你的生日，中国

韩静霆

今天是你的生日，我的中国，
清晨我放飞一群白鸽，
为你衔来一枚橄榄叶，
鸽子在崇山峻岭飞过。

我们祝福你的生日，我的中国，
愿你永远没有忧患，永远宁静，
我们祝福你的生日，我的中国，
这是儿女们心中期望的歌。

今天是你的生日，我的中国，
清晨我放飞一群白鸽，
为你带来远方儿女的思念，
鸽子在茫茫海天飞过。

我们祝福你的生日，我的中国，
愿你月儿常圆，儿女永远欢乐，
我们祝福你的生日，我的中国，
这是儿女在远方爱的诉说。

今天是你的生日，我的中国，
清晨我放飞一群白鸽，
为你衔来一棵金色的麦穗，
鸽子在风风雨雨中飞过。

我们祝福你的生日，我的中国，
愿你逆风起飞，雨中获得收获，
我们祝福你的生日，我的中国，
这是儿女们心中希望的歌。

新时代卫国戍边英雄革命语录

清澈的爱，只为中国。

——18岁福建籍烈士陈祥榕写下的战斗口号

走在喀喇昆仑，我们就是祖国的界碑，脚下的每一寸土地，都是祖国的领土，无比自豪！

——烈士肖思远的战地日记

对峙时干部站前头、战士站后头，吃饭时战士不打满、干部不端碗，野营时战士睡里头、干部睡风口。

——祁发宝所在团不成文的“规定”

我站立的地方是中国
我用生命捍卫守候
哪怕风似刀来山如铁
祖国山河一寸不能丢

——高原边防官兵喜爱的一首歌

图书在版编目（CIP）数据

红色经典诗文诵读．二 / 《红色经典诗文诵读》编委会编．— 厦门：鹭江出版社，2021.5
ISBN 978-7-5459-1885-4

Ⅰ．①红… Ⅱ．①红… Ⅲ．①革命传统教育—中国—青少年读物 Ⅳ．①D642-49

中国版本图书馆 CIP 数据核字（2021）第 084921 号

红色经典诗文诵读（二）

《红色经典诗文诵读》编委会　编

出　　版：鹭江出版社
地　　址：厦门市湖明路 22 号　　　　邮政编码：361004
发　　行：福建新华发行（集团）有限责任公司
印　　刷：福州德安彩色印刷有限公司
地　　址：福州金山工业区浦上园 B 区 42 栋　　　联系电话：0591-28059365
开　　本：700mm×1000mm　1/16
印　　张：6
字　　数：54 千字
版　　次：2021 年 5 月第 1 版　2021 年 5 月第 1 次印刷
书　　号：ISBN 978-7-5459-1885-4
定　　价：21.00 元